BEI GRIN MACHT SICH IHR WISSEN BEZAHLT

AF141751

- Wir veröffentlichen Ihre Hausarbeit, Bachelor- und Masterarbeit

- Ihr eigenes eBook und Buch - weltweit in allen wichtigen Shops

- Verdienen Sie an jedem Verkauf

Jetzt bei www.GRIN.com hochladen und kostenlos publizieren

Moritz Elsaeßer

Aus der Reihe: e-fellows.net stipendiaten-wissen

e-fellows.net (Hrsg.)

Band 730

Bewusstsein und Unbewusstes

GRIN Verlag

Bibliografische Information der Deutschen Nationalbibliothek:

Die Deutsche Bibliothek verzeichnet diese Publikation in der Deutschen National-
bibliografie; detaillierte bibliografische Daten sind im Internet über http://dnb.d-
nb.de/ abrufbar.

Dieses Werk sowie alle darin enthaltenen einzelnen Beiträge und Abbildungen
sind urheberrechtlich geschützt. Jede Verwertung, die nicht ausdrücklich vom
Urheberrechtsschutz zugelassen ist, bedarf der vorherigen Zustimmung des Verla-
ges. Das gilt insbesondere für Vervielfältigungen, Bearbeitungen, Übersetzungen,
Mikroverfilmungen, Auswertungen durch Datenbanken und für die Einspeicherung
und Verarbeitung in elektronische Systeme. Alle Rechte, auch die des auszugsweisen
Nachdrucks, der fotomechanischen Wiedergabe (einschließlich Mikrokopie) sowie
der Auswertung durch Datenbanken oder ähnliche Einrichtungen, vorbehalten.

Impressum:

Copyright © 2011 GRIN Verlag GmbH
Druck und Bindung: Books on Demand GmbH, Norderstedt Germany
ISBN: 978-3-656-45241-6

Dieses Buch bei GRIN:

http://www.grin.com/de/e-book/229681/bewusstsein-und-unbewusstes

GRIN - Your knowledge has value

Der GRIN Verlag publiziert seit 1998 wissenschaftliche Arbeiten von Studenten, Hochschullehrern und anderen Akademikern als eBook und gedrucktes Buch. Die Verlagswebsite www.grin.com ist die ideale Plattform zur Veröffentlichung von Hausarbeiten, Abschlussarbeiten, wissenschaftlichen Aufsätzen, Dissertationen und Fachbüchern.

Besuchen Sie uns im Internet:

http://www.grin.com/

http://www.facebook.com/grincom

http://www.twitter.com/grin_com

24. März 2011

Das Bewusste und Unbewusste -

Eine psychologische Facharbeit von
Moritz Elsaeßer

Inhaltsverzeichnis:

Bewusstsein (lat. conscientia) ist im weitesten Sinne die erlebbare Existenz mentaler Zustände und Prozesse. – Zitat aus der Online-Enzyklopädie Wikipedia

http://de.wikipedia.org/wiki/Bewusstsein

So wie man einen Körper hat, zugleich aber auch dieser Körper ist, so hat man Bewußtsein und ist zugleich dieses Bewußtsein.

http://www.philolex.de/bewusein.htm

Bewusstsein ist die Fähigkeit zu erleben, im engeren Sinne zu erkennen und damit auch sich selbst zu erkennen, sich als Individuum zu verstehen und die Umwelt in Beziehung zu sich selbst zu setzen.

http://www.uni-protokolle.de/Lexikon/Bewusstsein.html

Ein System verfügt über Bewusstsein, wenn es selbstständig aufgrund von Informationen aus dem Umfeld fähig ist sich zwischen verschiedenen Verhaltensmöglichkeiten zu entscheiden bevor eine davon umgesetzt wird. – Definition aus der Informatik

http://www.uni-protokolle.de/Lexikon/Bewusstsein.html

Der grundlegendste Beweis für unser Bewusstsein scheint die bloße Tatsache, dass wir die Existenz unseres eigenen Bewusstseins erkennen können. Somit ist zu schlussfolgern, dass eine wesentliche Eigenschaft des Bewussten die Selbstreflexion ist. – Moritz Elsaeßer

Einführung: Mysterium Mensch

Die oben genannten Definitionsansätze des Begriffs „Bewusstsein" sind nur ein kleiner Auszug aus der mannigfaltigen Bandbreite, welche nahezu jede Wissenschaft heutzutage für dieses Phänomen zu bieten hat. Termini wie Wahrnehmung, Entscheidung, Zeit und das Selbst bzw. Ich sind in nahezu jedem Versuch eine allgemeingültige und gleichwohl exakt umgrenzte und definierte Erklärung für das Bewusste zu geben enthalten; diese einzelnen Mosaikteilchen jedoch zu einem kohärenten Bild zusammen zu setzen ist zum jetzigen Zeitpunkt bisher schlichtweg nicht möglich.

Bereits die Herkunft des Bewusstseins zu ermitteln scheint der endlosen Arbeit des Sisyphos zu gleichen, da sich aufgrund verschiedener Belege und Hinweise gefasste Aussagen, wie zum Beispiel die naturwissenschaftliche These: „Das Bewusstsein des Menschen ist eine Eigenschaft seines Gehirns", interdisziplinär nicht durchsetzten können. Denn ungeachtet theologischer Einwände auf dessen Ursprung im Übersinnlichen lässt sich auch physikalisch weder erklären noch vermuten, wie bloße Materie diesen psychischen Zustand erzeugt. Auch die Fähigkeit der Medizin diesen speziellen Teil unseres Ichs anatomisch zu lokalisieren muss negiert werden, sodass der Versuch des Materialismus diesen unsagbar schweren Stein zum Gipfel zu stemmen durch das Eingreifen der Physik und der Medizin verhindern wird.

Neben diesen kollidierenden und konkurrierenden Thesen der einzelnen Fachgebiete scheint dem Autor jedoch ein wesentlich grundlegenderes Phänomen die wissenschaftliche Arbeit mit unserem Bewusstsein zu prägen und zu hemmen:
Jegliche Methodik zur Erkenntnisgewinnung ist untrennbar mit unserem bewussten Erleben und Überlegen verbunden, wodurch auch bei Thesen und Definitionen, die nicht auf Widerspruch stoßen, stets die Frage nach unserer natürlichen Befangenheit zu stellen ist. So wie die Entstehung eines Paradoxon unvermeidbar ist, wenn wir uns selbst, das Subjekt, als Objekt betrachten wollen, obwohl es uns nicht möglich ist uns von unserer Stellung als Subjekt zu lösen, so wirft auch die Betrachtung des menschlichen Bewusstseins notwendigerweise durch das anthropogene

Bewusstsein selbst ein unüberwindliches *perspektivisches Problem der Ambivalenz* auf.

Diese Schwierigkeiten sollen jedoch nicht zum Anlass missbraucht werden eine psychologische Ausarbeitung über dieses Thema für unmöglich zu erklären, sondern vielmehr das Bewusstsein aller Beteiligten für die fragilen Erkenntnisse und Zusammenhänge zu schärfen und vermeidbare Untiefe sicher zu umschiffen.

I. Das Bewusstsein und die Evolution

1) Einleitung:

Über nur so wenige Themen herrscht in der heutigen Naturwissenschaft interdisziplinär eine solche Einigkeit, wie über die Bedeutung des inter- und intraspezifischen Kampfes zwischen den einzelnen Spezies für die Erscheinung und Beschaffenheit jeglicher Naturwesen. Das Supraphänomen der Evolution, ungeachtet ihrer eventuellen göttlichen Herkunft, ist momentan sowohl die Quelle wie auch der Motor des Lebens und damit ebenso der Maßstab für jegliche wissenschaftlichen Theorien und Erkenntnisse. Eine Hypothese, die sich kausal nicht anhand der Evolution begründen lässt, ist falsch; beruht sie jedoch auf empirisch untrüglichen Experimenten und Fakten, so muss es folglich über kurz oder lang auch möglich sein einen evolutionären Bezug herzustellen.

2) Evolutive Kausalität:

Unser Bewusstsein, sofern es sich auf einen gemeinsamen menschlichen Nenner bringen lässt, bedingt zugleich mehrere vorteilhafte Eigenschaften, wobei sich der weitere Verlauf dieser Facharbeit ausschließlich auf den humanen und nicht den animalischen Typus, welcher ebenfalls weiter differenziert werden muss, begrenzt.
In seiner Abhandlung „Formulierungen über die zwei Prinzipien des psychischen Geschehenes" beschreibt Sigmund Freud wie sich das Bewusstsein aufgrund von

äußerer Notwendigkeit ausgebildet hat, um den Ansprüchen und Anforderungen der Umwelt trotzen zu können.[1]

Zu Beginn seiner Existenz bestand die Psyche des Menschen ausschließlich aus unbewussten Prozessen und wurde vorwiegend nach dem Lust-Unlust-Prinzip gesteuert. Dessen einziges Ziel war die Gewinnung und Sicherung von Lust, während Vorgänge und Handlungen, die diesem Ziel hinderlich waren und somit Unlust schaffen würden, vermieden und verdrängt wurden.

Diesen Naturzustand erleben auch wir trotz unseres ausgebildeten und intakten Bewusstseins jede Nacht im Traum, in dem aufgrund einer psychischen Ruhephase des Bewussten das Unbewusste seine frühere Macht zurückgewinnt. Da unser Erleben im Schlaf nicht physikalischen oder logischen Gesetzen unterworfen ist, werden unsere Wünsche und Bedürfnisse frei von jeglichen Restriktion durch Simulation befriedigt.

Diese Halluzinationsleistung des Unbewussten führt jedoch spätestens dann zu Unlust, wenn die Illusion von der Realität eingeholt wird und das Traum- bzw. Urgebilde des Menschen zu wackeln beginnt:

> *„Es wird mit Recht eingewendet werden, daß eine solche Organisation, die dem Lustprinzip frönt und die Realität der Außenwelt vernachlässigt, sich nicht die kürzeste Zeit am Leben erhalten könnte[…].”*[2]

Durch diese Zwangslage wurde es zur Notwendigkeit die alleinige Vormachtsstellung des Unbewussten zu revidieren und ein neues lebenserhaltendes, wenn auch unangenehmes, Prinzip auszubilden. In Freuds Vorstellung wird mit der Etablierung des menschlichen Bewusstseins das Lustprinzip des Unbewussten als vorherrschende Funktionsweise durch das bewusste Realitätsprinzip ersetzt, um das Überleben im Kampf der Spezies zu sichern.[3]

Wenn man diese Freudsche Vorstellung jedoch mit den annerkannten Thesen der Neurodeterministik vergleicht, so werden große Diskrepanzen sichtbar. Freud entwickelt in *Prinzipien über das psychische Geschehen* das Konzept eines

---

[1] Siehe: Sigmund Freud, „Das Ich und das Es – Metapsychologische Schriften“; 2. Auflage, Fischer Verlag; Frankfurt am Main(2010)
[2] Siehe oben, S. 32
[3] Siehe oben, S. 36

Bewusstseins, das die leitende Rolle bei Entscheidungen und Handlungen trägt und in der Psyche und deren Interaktion nach außen vorherrschend ist.

Diese Schilderung kollidiert jedoch mit zahlreichen Erkenntnissen der zeitgenössischen Wissenschaft, wie sich an folgendem Experiment zeigen lässt: Der niederländische Professor für Sozialpsychologie Ap Dijksterhuis beschreibt in seinem Buch „Das kluge Unbewusste" einen experimentellen Versuch, der von den beiden Psychologen Dick Nisbett und Tim Wilson durchgeführt wurde. Dabei wurden zahlreichen Probanden in einem Bekleidungsgeschäft vier Unterhosen präsentiert, woraufhin sie die Vorzüglichste auswählen und diese Entscheidung begründen sollten. Bei der statistischen Auswertung der Ergebnisse war eine deutliche Neigung der Versuchsperson zu erkennen, diejenige Unterhose auszuwählen, welche am weitesten rechts lag, wobei hierfür verschiedene Begründungen angeführt wurden(Stabilität, Qualität, Erscheinung, Schnitt etc.). Der Angelpunkt des ganzen Experiments beruhte jedoch darauf, dass alle Unterhosen absolut identisch waren und jegliche vorgegebenen Rechfertigungen und Motive der Selektion somit hinfällig waren.

Anhand vom diesen kleinen Experiment lässt sich ausgezeichnet veranschaulichen, dass unser Bewusstsein zwar durchaus für unser Handeln eine augenscheinlich rationale Begründung liefert, diese jedoch a posteriori nicht unser wahres Motiv darstellt. Im Gegensatz zu Freuds Vorstellung fungiert unser Bewusstsein folglich nicht (ausschließlich) nach objektiven und rationalen Maßstäben, sondern oft vielmehr als Sinnstifter für unser unbewusstes Entscheiden.[4]

Was jedoch könnte dann der evolutive Grund für die Existenz unseres Bewusstseins sein? Nach Meinung des Autors dieser Facharbeit schien besonders die Beziehung zwischen Bewusstsein und Zeit als relevanter Hinweis für eine fundierte Antwort.

Das menschliche Bewusstsein stellt die hauchdünne Grenze zwischen Vergangenheit und Zukunft dar und vermittelt uns ein Gefühl für die eigentlich unendlich kleine Gegenwart. Dieses Zeitempfinden war unerlässlich für das Ausbilden unseres Sprachvermögens und dem damit verbundenen kulturellen und geistigen Fortschritt. Sobald wir uns über einige Verballaute hinaus miteinander

---

[4] Dass dieses Phänomen jedoch nicht zu bedauern, sondern vielmehr zur allgemeinen Erleichterung beizutragen sollte, wird unter Berücksichtigung folgender neurologischer Erkenntnis klar: Laut Dijksterhuis ist unser Bewusstsein in der Lage 60 Bits pro Sekunde zu verarbeiten, das Unbewusste jedoch 11,2 Millionen. Somit lässt sich auch wissenschaftlich das allgemein als zutreffend eingeschätzte Bauchgefühl aufgrund dieser mehr als 180.000-mal schnellere Rechenkapazität argumentativ rechtfertigen.

verständigen wollen, ist ein exaktes Zeitgefühl unerlässlich, damit sowohl Syntax wie auch Betonung korrekt angewandt werden können.

Weiterhin ermöglicht uns das durch das Bewusstsein bedingte Zeitgefühl überhaupt erst die Unterscheidung zwischen Vergangenheit und Zukunft. Nur wenn ich mich meiner eigenen momentanen Lage im Raum-Zeit-Gefüge bewusst bin, kann ich Eindrücke und Vorstellungen aus dem Gedächtnis kategorisch in Vergangenes und zu Erwartendes einteilen. Durch die fehlende Disposition eines Bewusstseins ist ein Organismus nicht in der Lage sich ein mögliches Abbild der Zukunft zu erstellen. Im Gegensatz dazu besitzt der Mensch jedoch die Fähigkeit die Folgen seiner Handlungen durch Simulation und Vorstellungskraft abzuschätzen und muss somit nicht wie eine unbewusste Reiz-Reaktions-Maschine Möglichkeiten ausprobieren, um die dadurch entstandenen Konsequenzen zu verstehen. Tagtäglich entwerfen wir hundertfach jegliches erdenkliche Bild unserer Zukunft und treffen anhand dieser Vorraussagen unsere Entscheidungen. Erst durch diese Fähigkeit erlangen wir sowohl die Eigenschaften des Lernen und der Adaption an neue Situationen ohne auf Empirie und bereits gemachte Erfahrungen zurückgreifen zu müssen wie auch das allseits so hochgeschätzte Gut der Freiheit.

Prä- und postnatale Veränderungen eines fragilen Systems

Das anthropogene Bewusstsein wird heutzutage nicht mehr als die Gabe einer göttlichen Kraft oder eines übermenschlichen Wesens angesehen, sondern oftmals als eine Eigenschaft des Gehirns, welche oft an den Auswirkungen auf unsere Psyche durch die Zerstörung des fragilen Gleichgewichts unseres Cerebrums[5] belegt wird. Denn auch wenn sich der anatomische Ort unseres Bewusstseins trotz modernster Technologien nicht eindeutig bestimmen lässt, so hat man dennoch durch die beabsichtigte oder ungewollte Zerstörung verschiedener Hirnstrukturen und –systeme insbesondere innerhalb der letzten 100 Jahre unzählige Erkenntnisse hinzugewonnen. Hierfür bietet sich ausgesprochen gut folgender Falltype an:

1) operative Eingriffe:

Ein bekanntes Beispiel hierfür ist die in den 40er Jahren des 19. Jahrhunderts entstandene Theorie, dass bei Patienten, die unter Epilepsie leiden, eine Genesung oder zumindest eine dauerhafte Einschränkung der Symptome durch eine (partielle) chirurgische Durchtrennung des „Balkens"[6] hervorgerufen werden kann. Durch die teilweise Zerstörung dieses 250 Millionen Nervenfasern umfassenden Gehirnareals, welcher die beiden Hirnhemisphären miteinander verbindet, entsteht das Phänomen des sogenannten „Split-Brain". Da sich bei Versuchen an Tieren keine postoperativen Auffälligkeiten zeigten, schien es naheliegend diese Behandlungsmethode auch auf den Menschen anzuwenden, obwohl bereits im 19. Jahrhundert Einwände gegen solche Eingriffe erhoben wurden.[7] Tatsächlich stellten sich zu Beginn der ersten Versuche keinerlei kognitive oder motorische Störungen ein, jedoch ließ sich auch keine Verbesserung des Krankheitsverlaufs feststellen. Nachdem das Vorgehen der Callosotomie trotz der fehlenden Ergebnisse weiterverfolgt und –entwickelt wurde, berichteten zahlreiche Patienten neben

---

[5] lat. Gehirn
[6] lat. *corpus callosum*;
[7] Der deutsche Physiker und Philosoph Gustav Fechner(1801-1887) warnte mehrfach vor schweren psychischen Störungen bei operativen Vorgehensweisen, da das Bewusstsein als Funktion des Gehirns nur durch dessen Einheit unversehrt bestehen könne.

motorischen Störungen (sogenannte innere Konflikte, bei denen vorwiegend die rechte und linke Hand des Patienten nicht mehr miteinander koordinieren, sondern sich gegenseitig bei der Ausführung behindern) auch über signifikante psychische Veränderungen. So wurde bei mehreren durch Callosotomie behandelten Personen deutliche Lern- und Gedächtnisdefizite, den Verlust der Fähigkeit zu Träumen und starke Veränderungen in ihrer Wahrnehmung beobachtet.[8] Aus diesen experimentellen Phänomenen lässt sich schlussfolgern, dass die Wahrnehmung und Beschaffenheit unseres Bewusstseins extrem von der Kommunikation der beiden Hirnhälften abhängig ist und sich hohe geistige Fähigkeiten zum Beispiel das Erleben unserer Umwelt in Worte zu fassen nicht ohne deren gegenseitigen Informationsaustausch einstellen.

2) kurzzeitige Dysfunktion:

Auch in der modernen Neurochirurgie wird zur Behandlung von epileptischen Störungen ein operativer Eingriff als mögliche Alternative zu einer medikamentösen Behandlung mit häufig starken Nebenwirkungen in Erwägung gezogen, jedoch wird hierbei stets nur sehr präzise eine geringe Menge an Hirngewebe entfernt.
Bevor diese Operation jedoch durchgeführt werden kann, werden mithilfe eines sogenannten Wada-Tests die betreffenden Areale lokalisiert.
Dabei wird ein starkes und schnell wirkendes Sedativum[9] durch einen Katheder in der Halsschlagader oder der Oberschenkelarterie in verschiedene Bereiche des Gehirns geleitet, sodass diese ihre Funktion kurzfristig einstellen. Während diesen temporären Dysfunktionen der verschiedenen Arealen werden wiederholt die gleichen Untersuchungen und Tests durchgeführt, sodass ein Zusammenhang zwischen den voneinander abweichenden Ergebnissen und den jeweils zugehörigen still gelegten Segmenten entsteht. Doch auch wenn sich ein Experiment in der Vorgehensweise und dem Erkenntnisgewinn rein theoretisch profilieren zu scheint, so ist die Praxis dennoch all zu oft ein grausamer Lehrer. Denn trotz modernster Techniken wie der Angiographie zur graphischen Darstellung von Gefäßen, dem oben beschriebenen Wada-Test oder der Elektroenzephalographie(EEG) zur

---

[8] Siehe auch: *„Der Mann, der seine Frau mit einem Hut verwechselte"*; Oliver Sacks; rororo-Verlag oder
„Oliver Sacks - Elemente der Neuroanthropologie", S.92ff; Daniela Mergenthaler; Lit Verlag; Münster (2001)
[9] Laut dem Neuropsychologen Paul Brooks(siehe Literaturverzeichnis) handelt es sich meist um Amytal, das Natriumsalz von Amobarbital, welches interessanterweise unter anderem auch als Wahrheitsserum bei Folter und Verhören eingesetzt wird und mit der entsprechend geringen Dosis zwei bis drei Minuten wirkt.

Messung elektrischer Aktivität im Gehirn scheint sich das Mysterium des Bewusstseins nicht zu lichten, sondern vielmehr in der Dunkelheit des Unwissens stetig zu verzweigen und zu verkomplizieren.

II. Historischer Wandel des Unbewussten

Wenn man sich jedoch ausführlich über das Bewusstsein äußert, so kommt man nicht umhin mindestens genauso gewissenhaft über dessen stetigen Gegenspieler und Aktionspartner zu berichten.

Das Unbewusstsein des Menschen hat in seiner gesellschaftlichen Stellung mit dem fortschreitenden Alter der Geschichte eine stetige und oft schlagartig gegensätzliche Wandlung erlebt. Da das Bewusstsein und die Ratio[10] stets untrennbar miteinander verbunden schienen und das moralisch Wertvolle und Rechtschaffende üblicherweise ausschließlich in dieser psychischen Instanz lokalisiert wurde, blieben für die Vorstellung des Unbewussten nur die animalischen Triebe und Instinkte übrig, welche meist nur als niedere und verwerfliche Regungen abgetan wurden.

So sollten die vier Grundsätze der Stoiker in Form von Apathie, Ataraxie, Autarkie und Autonomie[11] durch ihre absolute Hegemonie des kühlen und gleichmütigen Verstandes vollkommene Glückseligkeit durch absolutes Loslösen jeglicher dem Unbewussten zugeschriebenen Regungen ermöglichen.

Im Gegensatz zum Mittelalter lassen sich in der Antiken jedoch aufgrund der hohen Stellung der nach dem Kausalitätsprinzip wirksamen Naturwissenschaften bereits Teilemanzipationen des Unbewussten erkennen. Denn auch wenn dieser Begriff erst mehr als 2000 Jahre später vom deutschen Naturphilosoph Carl Gustav Carus[12] zur Zeit der Romantik entwickelt wurde, so lassen sich bereits bei Sokrates, Aristoteles und vielen weiteren hellenistischen Denkern und Philosophen aufgeklärte Konzepte mit dem Umgang der ‚unbekannten Seelenteile' erkennen.

---

[10] lat. Vernunft oder Verstand
[11] griech. Apathie(Leidenschaftslosigkeit), Ataraxie (Unerschütterlichkeit), Autarkie (Selbstgenügsamkeit), Autonomie (Unabhängigkeit); diese Ideale sind in der **Lehre der Stoa** der einzige Weg sich selbst zu verwirklichen und somit ‚eudaimonia', also die höchste Form des Glückes zu erreichen; siehe: S. 108-113, *„Kolleg Ethik – Unterrichtswerk für Ethik in der Sekundarstufe II"*; erschienen im C.C. Buchners Verlag, Bamberg(2010)
[12] **Carl Gustav Carus**(1789-1869) war ein deutscher Arzt, Naturphilosoph und Maler. Er entwarf in seinem 1846 erschienenen Buch „*Psyche. Zur Entwicklungsgeschichte der Seele*" erstmals den Begriff des Unbewussten, führte diesen jedoch immer noch auf eine göttliche Natur zurück.

Die Schriften des Sokrates, sofern überhaupt welche von ihm persönlich angefertigt wurden, sind uns heutzutage leider nicht mehr überliefert, jedoch lassen sich dank der Aufzeichnung Xenophons und insbesondere Platons ausreichend sokratische Dialoge auffinden, um eine wichtige psychische Instanz für seine Philosophie und den Verlauf seines Lebens zu analysieren.

So wird unter anderem in Platons *Apologie*, in welcher trotz des Titels nicht nur die Verteidigungsrede sondern die gesamte Gerichtsverhandlung, welche schließlich zur Todesverurteilung von Sokrates führt, geschildert wird, mehrfach sowohl von Seiten der Kläger wie auch des Angeklagten auf das „Daimonion" verwiesen. Das Daimonion war laut Sokrates eigener Aussage eine ihm immanente Gottheit, die als gutes Gewissen, Berater und Wächter fungierte. Solange er als sein Träger ein ehrenhaftes und anständiges Leben führte, war es für ihn nicht wahrnehmbar; sobald er jedoch im Begriff war eine (moralische) Verfehlung zu begehen, sprach es zu ihm als hörbare Stimme. Sokrates schildert es unter anderem folgendermaßen:

„Schon von Kindheit an habe ich das: irgendeine Stimme, die mich jedes Mal, wenn sie sich hören läßt, von dem abmahnt, was ich gerade tun will, die mich aber nie zu etwas auffordert."[13]

Folglich sind folgende drei Eigenschaften für seine Herkunft aus dem Unbewussten charakteristisch:

- Das Daimonion als Teil der Person ist vom bewussten Ich des Sokrates deutlich abgetrennt, kann jedoch auf dessen Entscheidungen und Handlung selbst entgegen empirischer und rationaler Argumente einwirken.
- Weiterhin offenbart es sich ihm ausschließlich entweder als nur für ihn hörbare „innere Stimme" oder als gestaltende Kraft seiner Träume(*„[...] durch Weissagungen, durch Träume und auf jede Weise, mit der jemals eine göttliche Berufung einem Menschen irgendwas aufgetragen hat."*[14])
- Das Daimonion gibt keine dezidierte Handlungsanweisung vor, sondern macht ausschließlich auf entstehende Missstände aufmerksam. Da es keine Intention äußert, liegt es somit in der Verantwortung des Handelnden diese Kritik zu interpretieren und Alternativen zu erwägen.

---

[13] Zitat aus *„Platon – Die großen Dialoge"*, S. 69; übers. v. Rudolf Rufener, Artemis und Winkler Verlag, München (1991)
[14] Siehe [13]; S. 72

Diesen übermächtigen und uneingeschränkten Glauben an die „warnende Stimme" legte Sokrates auch im hohen Alter von 70 nicht ab, als er vor Gericht angeklagt wurde die athener Jugend zu verderben und statt den olympischen Götter neuen, dämonischen Wesen zu huldigen.[15] Vom allwissenden Orakel von Delphi als weisester Mensch bezeichnet verteidigte sich der materiell arme Philosoph selbst und wurde schließlich zum Tode durch den Schierlingsbecher verurteilt.

Dieses historische Beispiel stellt anschaulich die einseitige Stellung des Unbewussten als Außenseiter und Feindbild in der Weltanschauung der Menschen bis hin zum 18. Jahrhundert dar. Mehr als 2000 Jahre wurde es in der westlichen Zivilisation und den verschiedenen Kulturen als das Böse stigmatisiert, wie auch Sigmund Freud in seiner Abhandlung über „Charakter und Analerotik" mit dem für ihn charakteristischen Humor kommentierte: *„[...] der Teufel ist doch gewiß nichts anderes als die Personifikation des verdrängten unbewußten Trieblebens."*[16]

Erst mit der Epoche der Romantik als Gegenströmung zur vernunftidealisierenden Aufklärung wurde diese einstimmige Volks- und Gelehrtenmeinung revidiert und bereitete somit den fruchtbaren Boden für die darauffolgende Geistesrevolution eines jüdischen Mediziners aus Wien vor. Sigmund Freud zeichnete sich jedoch nicht dadurch aus, dass er sich dem Erbe der Romantiker verschrieb und die Thesen und Theorien der ebenfalls sehr anerkannten Rationalisten wie Immanuel Kant oder René Descartes widerlegte. Wie ihr Name bereits erahnen lässt, idealisierten die Rationalisten die anthropogene Vernunft und priesen das bewusste Denken und die durchdachte Entscheidung als die wertvollste Tätigkeit des Menschen. Alle anderen Regungen der Seele waren auf das animalische Unbewusste zurückzuführen; unbewusste Verhaltenssteuerung oder sogar signifikante Einflüsse auf das bewusste Denken wurden bestritten, bekämpft und mussten hartnäckig und unter größter Disziplin zurückgedrängt werden. Diesen Strömungen stellten sich Verfechter wie Carl Gustav Carus, Novalis und Arthur Schopenhauer entgegen: Das Gefühl und seiner Herkunft aus dem Unbewussten waren verantwortlich für den Charakter und die eigentlich Humanität des Menschen. Sie verpönten die Vorstellung des berechnenden und kaltblütigen Mechanismus „Mensch" und stellten ihm das Bild eines empathischen und auf Harmonie zwischen Kopf und Herz bedachten Wesens gegenüber. Diesen wissenschaftlichen und gesellschaftlichen Zwiespalt wusste

---

[15] Für die komplette Anklageschrift: siehe [13], S. 56f.
[16] Siehe: *„Sigmund Freud – Das Lesebuch"*, S.133; S. Fischer Verlag GmbH; Frankfurt a. M. (2006)

13

Freud jedoch für sein eigenes Schaffen zu nutzen und leistete insbesondere mit seinen zwei Konzepten über das Bewusste, Vorbewusste und Unbewusste sowie seinem Drei-Instanzen-Modell die Synergie zwischen zwei scheinbar völlig diametralen Welt- und Menschenbildern.

III. Sigmund Freud

Sigmund Freud war im Zuge seines 83 Jahre langen Lebens stets mit Leidenschaft an der Ausarbeitung der Psychoanalyse engagiert, sodass wir heutzutage auf umfangreiche Schriften seines produktiven Schaffens zurückgreifen können. Dabei scheute er sich aufgrund der metapsychologischen Thematik nie seine älteren Konzepte oder Verstellungen zu Gunsten aktueller Erkenntnisse und Thesen zu relativieren, sodass sich schließlich verschiedene, mal mehr oder weniger differenzierte Modelle der menschlichen Psyche ergaben.

1) Erste Topik:[17]

Mit dem Begriff „Topik" weist Freud auf die räumliche Darstellung seiner beiden Systeme hin. In seiner frühen systematischen Darstellung der menschlichen Seele beschreibt er das Wechselspiel von Bewusstem als Agonisten und Unbewusstem als Antagonist, wobei er weiterhin auf das Vorbewusste als spezieller Teil des Unbewussten eingeht. Somit ist das erste topische Schema von folgenden drei Charakteren geprägt:

- **Bewusstes:** Dieses System umfasst jegliche Wahrnehmung der Außenwelt und stellt somit die Verbindung zwischen Umwelt und Seele dar. Wie bereits oben erwähnt ist das Bewusste verantwortlich für unsere Gedankenvorgänge nach dem Realitätsprinzip und somit auch für unsere Entscheidungen.
- **Vorbewusstes:** In seiner Abhandlung *„Begriff des Unbewußten in der Psychoanalyse"* unterscheidet Freud zwischen zwei verschiedenen Arten von unbewussten Gedanken. Während manche latente[18] Denkinhalte ungeachtet ihrer Dringlichkeit und Stärke partout nicht in das Bewusstsein eindringen können, gibt es ebenso gewisse unbewusste Gedanken, die nur aufgrund

---

[17] nach „Das Ich und das Es" (siehe oben): *Das Unbewußte(1915)*, S. 117-146
[18] dem Unbewussten zugehörig

ihrer „Schwäche" kein Bestandteil des Bewussten sind, jedoch bei ausreichend starker Besetzung bewusst werden. Für diese Art der systemwechselnden Inhalte führt Freud den Begriff „vorbewußt" ein. Sie sind grundsätzlich dem Unbewussten zu zurechnen, können jedoch bei ausreichender Aktivierung Einzug in das Bewusste nehmen.

- **Unbewusstes:** Das Unbewusste ist dem Lustprinzip unterworfen und beinhaltet zum Beispiel verdrängte Wünsche oder Bedürfnisse, archaische Instinkte und Verhaltensmuster, prägende Ereignisse und Erlebnisse(Traumata), aber auch große Teile unserer Erinnerungen, welche nicht stetig im Bewussten präsent sein können. Diese Inhalten lassen sich durch ihre unterschiedliche Herkunft ebenfalls wieder in zwei Kategorien einteilen: Gedanken, die aus dem Bewusstsein verdrängt wurden, werden aufgrund des aktiven Verlagerungssprozesses als **dynamisch** bezeichnet; diejenigen, die jedoch seit dem Beginn ihrer Existenz dem Unbewussten zu zurechnen sind, als **deskriptiv**. Beide Kategorien sind durchaus in der Lage trotz ihrer unbewussten Eigenschaft auf das Bewusste unerkannt einzuwirken, wodurch sich die von Freud erwähnte Situation der unklaren Handlung, also Verhaltensweisen bei denen keine rationalen Motive angegeben werden können, ergibt.

Psychische Erkrankungen wie zum Beispiel Neurosen führte Sigmund Freud nun anhand dieser topischen Modelvorstellung auf Konflikte zwischen den einzelnen Systemen zurück. Die aus dem Bewusstsein verdrängten oder unterdrückten Triebe wirken trotz ihrer daraus erfolgenden Verbannung in das Unbewusste immer noch auf das Verhalten des Menschen ein. Sie offenbaren sich zum Beispiel in *Freudschen Fehlleistungen*[19], wie in folgendem Beispiel:

> *„Ein Mann erzählt von irgendwelchen Vorgängen, die er beanstandet, und setzt fort: Dann aber sind Tatsachen zum ‚Vorschwein' gekommen. ([...] Auf Anfrage bestätigt er, dass er diese Vorgänge als ‚Schweinereien' bezeichnen wollte.) ‚Vorschein und Schweinerei' haben zusammen das sonderbare ‚Vorschwein' entstehen lassen."*[20]

---

[19] Fälschlicherweise auch oft als **Freudscher Versprecher** bekannt, wobei ein Wort oder Ausdruck angeblich unbeabsichtigt oder zufällig durch ein ähnlich klingendes ersetzt wird, wodurch die eigentliche Absicht oder Meinung des Sprechers offenbart wird.

[20] Siehe: *„Gesammelte Werke"*, Sigmund Freud; S. 35, Band XI(2. Auflage); Fischer Verlag, Frankfurt(1999)

Im Fall der Neurose lässt sich dieses psychische Leiden und deren unerkannten Symptome im Alltag durch eine Umkehrung des Verdrängungsprozesses heilen, indem der Psychoanalytiker diese unbewussten Mechanismen vermittelt, das Verdrängte analysiert und dem Patienten schließlich durch erklärende Worte oder reine Paraphrasierung wieder bewusst macht.

2) Zweite Topik:[21]

Die zweite topische Darstellung nach Sigmund Freud basiert vorwiegend auf seiner 1923 erschienen Schrift „Das Ich und das Es". Sie ist das wohl bekannteste Modell seines Lebenswerks und wird zum Einen aufgrund dieser interdisziplinären wissenschaftlichen Popularität, zum Anderen jedoch besonders aufgrund der fortschreitenden Länge dieser Facharbeit nicht erneut paraphrasiert. Stattdessen soll sie mithilfe folgender Graphik erneut in das Bewusstsein des Lesers gerufen werden:

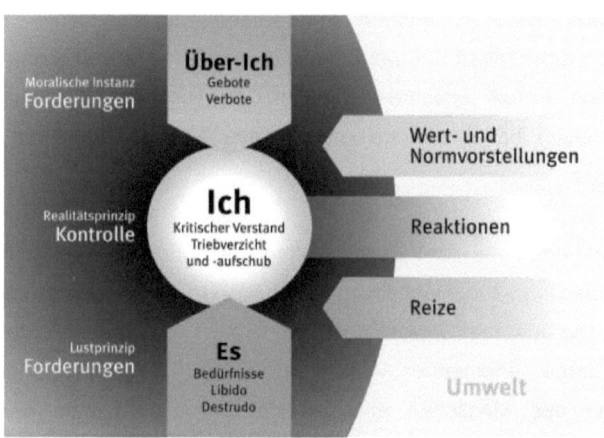

Es fällt auf, dass trotz der inhaltlichen Lösung und der Neubesetzung der einzelnen Systeme bzw. Instanzen immer noch eine Dreiteilung der Psyche vorliegt, sodass sich eine starke Verbindung zu Freuds erster topischer Systematik der Seele kaum von der Hand weisen lässt. Auf beide Modelle zutreffend ist zudem immer noch folgende, anhand der 1. Topik entwickelte Darstellung, die oft mit folgender Analogie beschrieben wird:

---

[21] nach „Das Ich und das Es" (siehe oben): *Das Ich und das Es(1923)*, S. 251-284

Unsere Psyche gleicht einem Eisberg,
von dem wir nur einen kleinen Teil seines
gesamten Umfangs sehen können. Der
Hauptteil befindet sich jedoch unter Wasser
und entzieht sich somit der Wahrnehmung;
hier bleibt uns nur die trübe Vermutung.

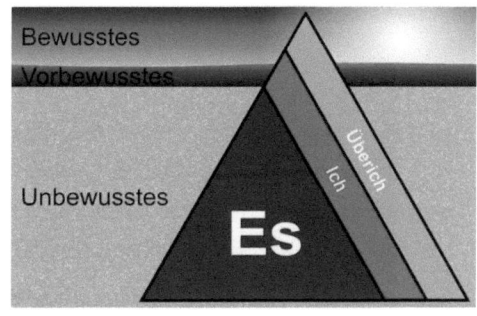

Anhang

Inhaltlich lässt sich eine Arbeit über das Thema „Bewusstes und Unbewusstes" aufgrund der Allgegenwärtigkeit dieser beiden psychischen Bereiche nicht begrenzen, sondern bietet grundsätzlich eine nahezu unendliche Anzahl an thematischen Bezügen. Da diese geistige Fülle jedoch mit der formalen Vorgabe von 8 bis 10 Seiten unvereinbar ist, sind folgende Themen trotz ihrer Relevanz nicht erwähnt:

- Neurodeterminismus – Ist das Bewusstsein nur eine Illusion?
- Autogenes Training
- Suggestion: Product Placement – der Einfluss von Werbung auf den Konsum
- Peter Singer – Bewusstsein des Menschen und anderer Lebewesen
- Autismus
- Freud in der Diskussion – Ein Vergleich mit Alternativen

Literaturverzeichnis:

„Das Ich und das Es"
Sigmund Freud
Fischer Verlag(2. Auflg.)
Frankfurt a. M. (2010)

„Das kluge Unbewusste"
Ap Dijksterhuis
Klett Verlag
Amsterdam (2007)

„Grenzen des Bewußtseins"
Ernst Pöppel
Insel Verlag
Frankfurt a. M. (1997)

„Sigmund Freud – Das Lesebuch"
Cordelia Schmidt-Hellerau
S. Fischer Verlag
Frankfurt a. M. (2006)

„Platon – Die großen Dialoge"
Rudolf Rufener
Artemis und Winkler Verlag
München / Zürich (1991)

„Ich denke, also bin ich tot -
Reisen in die Welt des Wahnsinns"
Paul Broks
Verlag C.H.Beck oHG
München (2004)

„Der Witz und seine Beziehung
zum Unbewußten – Der Humor"
Sigmund Freud
Fischer Verlag
Frankfurt a. M. (1992)

Quellenverzeichnis:

http://de.wikipedia.org/wiki/Bewusstsein

http://de.wikipedia.org/wiki/Split_Brain

http://de.wikipedia.org/wiki/Gustav_Theodor_Fechner

http://www.epilepsie-berlin.keepfree.de/split_brain_pat.htm

http://www.uni-konstanz.de/FuF/Philo/Philosophie/philosophie/files/wollen.pdf

http://www.psychology48.com/deu/d/bewusstsein/bewusstsein.htm

http://www.uni-protokolle.de/Lexikon/Bewusstsein.html

http://www.udo-leuschner.de/psychologie/f3.htm

http://books.google.de/books?id=Ke1jd_e7AyYC&printsec=frontcover&dq=ellenberger&hl=de&ei=HNJ
7TY3yNMX3sgaSv_TeBw&sa=X&oi=book_result&ct=result&resnum=1&ved=0CCsQ6AEwAA#v=onep
age&q&f=false

http://www.gottwein.de/Grie/plat/apol0001.php

http://das-daimonion-und-sokrates.blogspot.com/

http://de.wikipedia.org/wiki/Liste_der_klassischen_Experimente_in_der_Psychologie

http://de.wikipedia.org/wiki/Das_Unbewusste

http://www.philosophie.uni-mainz.de/metzinger/publikationen/1995e.html

http://www.use-trict.de/philosophy/Freud__Das_erste_topische_Modell_und_das_menschliche_Gehirn.html

http://de.wikipedia.org/wiki/Mere-Exposure-Effekt

http://de.wikipedia.org/wiki/Implizites_Ged%C3%A4chtnis

http://de.wikipedia.org/wiki/Priming_%28Psychologie%29

für alle Einträge gültiges, letztes Abrufdatum: 30. März 2011

Graphiken:

http://de.wikipedia.org/w/index.php?title=Datei:Freud_Ich.svg&filetimestamp=20100910161309

http://de.wikipedia.org/w/index.php?title=Datei:Instanzen-_und_topographisches_modell_1.jpg&filetimestamp=20090904094315